DE LA RÉÉDIFICATION

DU

THÉATRE EN FRANCE

Par A. WELSCH.

PRIX : 1 FR.

PARIS,

CHEZ LES PRINCIPAUX LIBRAIRES.

—

1855.

DE LA RÉÉDIFICATION

DU

THÉATRE EN FRANCE

Par A. WELSCH.

PARIS.

CHEZ LES PRINCIPAUX LIBRAIRES.

—

1855.

DE LA RÉÉDIFICATION

DU

THÉATRE EN FRANCE.

Qu'ils soient fondés sur un commencement d'exécution, ou qu'ils ne soient que l'expression d'un désir impatient, d'un besoin réel, il circule dans le monde certains bruits sur la réorganisation des théâtres.

Des hommes d'expérience seront-ils appelés à apporter le concours de leurs lumières sur cette questiondélicate, où tant d'intérêts se rattachent : ceux de l'art chez le peuple le plus civilisé du monde, l'existence de tant d'artistes consacrant leurs travaux et leurs veilles aux plaisirs d'un public toujours prêt à l'appel pour payer au mérite son tribut d'or et de bravos ?

Disons donc tout d'abord qu'il s'agirait d'une œuvre de réorganisation dont seul est capable un gouvernement ferme et résolu.

C'est assurer d'avance la reconnaissance des amis de l'art et du théâtre aux hommes qui auront pris l'initiative pour remédier à la déplorable situation de nos théâtres en général.

Si les révolutions sont funestes pour tous, il faut reconnaître que les arts ne sont pas leurs dernières victimes. Mais il importait peu à ces grands réformateurs de savoir si la Grèce fut un temps le modèle des nations, grâce à ces sciences, à ces arts, à ces génies éclatants qui en firent la nation la plus heureuse et la plus policée du monde entier.

A quoi bon ce fatras de connaissances, ces plaisirs qui énervent, ces besoins de l'intelligence? Nous venons, disaient-ils, vous arracher à la civilisation corruptrice; retournez-vous et enjambez courageusement de Napoléon Ier à saint Louis, de saint Louis à Charlemagne; franchissez Athènes, Rome, César Auguste; allons, courage, et bientôt vous n'aurez plus qu'à cultiver la treille et garder vos troupeaux.

Ces réflexions ne sont pas ici hors de propos; elles touchent à une question fondamentale sur le sujet que nous traitons, sur les avantages apportés aux lettres et au théâtre par ces prétendues libertés, qui n'ont rien fait moins qu'outrager la morale et porter la perturbation dans l'ordre que le bon goût réclame dans chaque genre des œuvres dramatiques appropriées aux différentes scènes de nos théâtres, où quelques hommes adroits ont su tirer parti de la nouveauté, où tant d'autres ont succombé à la peine, et tous, au détriment de l'avenir de notre scène française et de l'honneur dont elle jouit justement en Europe.

La déplorable situation des théâtres en France

est un fait reconnu. La presse, le public, s'en sont émus, et depuis vingt ans toutes leurs plaintes sont demeurées stériles, sous le prétexte spécieux de libertés publiques, d'égalité, d'économie budgétaire.

La révolution de 1830 a dit à l'art : Sois libre et vis comme tu peux, cours à un meilleur avenir, tu n'as plus de maître jaloux de ta gloire et t'honorant d'un regard orgueilleux, enchaînant tes disciples au char de la civilisation, les comblant d'or et de lauriers. Détache de ton front cette auréole que des mains puissantes et protectrices y avaient attachée en te faisant distinguer dans la foule, donnant ainsi à tes adeptes cette noble émulation sans laquelle tu n'es rien. Sois libre, tu peux abuser tout à l'aise ; mais souviens-toi qu'il est une censure plus implacable que celle du gouvernement le plus absolu : c'est celle d'un public éclairé, qui ne saurait transiger avec ce qui blesse le bon goût, la morale et la religion. La première te protégeait de son égide et te contenait dans les écarts de ton génie, la seconde se manifestera par le mépris et l'abandon.

Il n'est besoin d'une grande érudition ni d'argumenter longtemps sur ce fait, que l'appui du Prince et des grands qui nous gouvernent, seul a su donner aux arts cette impulsion nécessaire, source de gloire et de vitalité

Entre ce prétendu despotisme faussement qualifié et cette liberté fastueuse qui, dans son orgueil, ne nous a offert que ruine et misère pour les intéressés, le choix est-il douteux? L'histoire est là. — Ce principe y est consacré depuis François Ier jusqu'à l'empire; ceux qui s'en sont faits les adversaires ont manqué de sincérité ou de lumières en opposant des dilapidations ajoutées aux subventions faites à nos quatre grands théâtres, des libéralités exorbitantes de la part du Prince. N'eût-il pas été plus logique, plus équitable, de défendre le budget sur ce point, en appelant une administration mieux entendue sans être moins libérale, et ne pas faire comme cet insensé qui brûle sa maison pour ne pas l'arranger?

Qu'est devenu le théâtre depuis la désorganisation subie par nos quatre grandes scènes à la suite de 1830? — C'est le point culminant de la question. A l'existence de ces quatre théâtres se rattache celle de nos théâtres secondaires et de nos provinces.

Il faut en convenir, à ces deux points de vue de l'art et du sort de cette classe intelligente qui en dépend, le théâtre court à une ruine certaine.

Il importe de connaître si cette situation a sa cause, ou tout au moins quelques conséquences, dans nos troubles civils. — La réponse est péremptoire. — Depuis vingt ans la presse et les artistes réclament une organisation théâtrale, et depuis cette époque nous avons traversé des jours assez calmes pour que le théâtre se réédifiât de lui-même, s'il en eût été capable, sans le secours d'un ordre de chose qui n'existe plus pour lui.

Mais cette cause où est-elle? — Quel remède y

apporter ? — Cette cause, je crois déjà l'avoir indiquée ; quant au remède, ce ne sera un problème pour personne, lorsque j'aurai établi le parallèle entre ces deux situations : celle faite depuis l'empire et le traité de Moscou jusqu'en 1830, et celle qui date de cette dernière époque jusque aujourd'hui.

Si, dans cet exposé, il m'arrive de froisser ces principes de liberté dont l'application au théâtre a porté de si détestables fruits, j'en demande pardon : la politique de tel ou tel gouvernement étend ses principes à toutes les institutions du pays, il s'agit d'examiner, entre deux régimes, lequel fut le plus profitable au progrès, à la dignité, à l'existence du théâtre en France. De ce point fondamental découleront une à une toutes les conséquences, bonnes ou mauvaises, qui sont résultées de ces deux situations. Là, nous trouverons le vrai de la question : la cause, l'effet et le remède. — L'expérience est le meilleur maître ; puiser à cette source est, je crois, le plus sage et le plus logique.

Je ne répondrai pas à ces chauds défenseurs du budget, à ces grands économistes, qui ont si vertement censuré la munificence, et des rois et de l'empire, en faveur d'une institution qu'ils tinrent toujours en honneur et protection. — Cette grande famille de poètes, de musiciens, d'artistes de tous genres, ne compte pour rien au point de vue de ces prétendus économistes, non plus que ce reflet glorieux imprimé à tant de règnes par ces hommes qui vivent de l'intelligence et meurent misérables, souvent léguant à la patrie un nom illustre qui l'honore et des œuvres immortelles! — Non, je ne puis répondre aux arguties de ces messieurs; ce que je puis, s'ils sont de bonne foi, c'est de les envoyer à un cours pratique d'économie politique et d'histoire; nous n'avons pas à traiter ici une question de banque ou de pure industrie; ici, les chiffres seuls ne font pas loi. Qu'il me soit donc permis de rester dans la sphère véritable de notre sujet. Laissons de côté ces mesquines déclamations, pour nous tenir dans l'ordre élevé des intérêts généraux qui s'y rattachent : la gloire d'une nation modèle, la police de son gouvernement, l'honneur de ses lettres, les intérêts de la morale et de la religion, et l'existence enfin d'un peuple d'artistes, d'artisans, qui vivent de ce concours et dont le nombre imposant mérite d'être compté dans la diversité des classes de notre population.

Ce fut sous l'empire que différents décrets, notamment celui de Moscou, réglèrent d'une manière définitive la situation de nos théâtres; la marche en fut suivie jusqu'à 1830.

L'Etat subventionnait dignement le théâtre, particulièrement nos quatre grandes scènes, types des différents genres, et dont le riche répertoire alimentait toutes les provinces.

L'Etat payait, il dut nécessairement sauvegarder ses sacrifices et les principes sur lesquels ils se fondaient.

Une commission impériale, choisie parmi les hommes éminents du pouvoir, tous familiers au commerce des lettres et des arts, était chargée d'intervenir, devant ces quatre directions, dans les hautes questions administratives, afin d'empêcher la violation des règlements, faisant en outre justifier l'emploi des subsides par chacune de ces administrations.

Les artistes étaient réunis en société, à la Comédie-Française, à l'Opéra et à l'Opéra-Comique, et, bien que ces règlements différassent dans la forme, ils étaient en harmonie quant au fond, et reposaient sur le même principe, qui était la dignité de l'art, l'obstacle à tout envahissement du mauvais goût, et le prix des services et des talents.

Ainsi que dans toutes les corporations, civiles ou militaires, les artistes représentaient différents ordres dont la hiérarchie n'avait que deux degrés, qui étaient ceux de pensionnaire et de sociétaire. On arrivait par le premier; le second n'était accordé qu'à un mérite éprouvé, ou par les années de services.

Des caisses furent fondées et réglées sur la liste civile; à cet effet, une retenue au prorata des appointements assurait à l'artiste une retraite honorable et proportionnée au rang qu'il avait occupé, recevant ainsi, dans ses vieux ans, la juste récompense de longs services, de bonnes traditions et de grands modèles légués au théâtre.

Lorsqu'un directeur était appelé à diriger l'une

de ces grandes scènes, les commissaires impériaux soumettaient à l'agrément du ministre le choix qu'ils avaient fait, et ce choix était toujours en faveur d'hommes expérimentés, et non sans culture de l'art qu'ils étaient appelés à diriger.

Les théâtres de province reçurent aussi les effets de cette organisation, et il fut affecté au cahier des charges une subvention, réglée au ministère de concert avec le conseil municipal de nos villes d'ordre. Cette subvention, en rapport avec l'importance de la population, soutenait le théâtre, en offrant aux entrepreneurs des probabilités de succès qui leur permettaient de satisfaire aux exigences du pouvoir, tant sous le rapport du cautionnement que des autres garanties, pour assurer une gestion honnête et profitable pour tous.

Dirons-nous que cette organisation n'eut pas, dans ses détails, quelques inconvénients, et qu'il soit possible aujourd'hui d'admettre sans réforme ce qui serait incompatible avec les idées nouvelles et cet incessant besoin d'amélioration? Non, sans doute; mais là n'est pas le fond de la question. Quand un malade est presque à l'agonie, le médecin ne s'arrête pas aux cas particuliers, qu'ils soient la conséquence ou non du siége principal de la maladie; je crois user de cette logique en laissant de côté des faits isolés, susceptibles de réforme et contre lesquels se sont déchaînés quelques ambitieux, faisant jouer à leur profit l'amour-propre de quelques-uns, la basse envie de quelques autres.

Depuis quinze ans je remarque que les efforts tentés pour réédifier notre scène sont demeurés stérils, grâce à l'ingénieuse tactique de ces hommes qui se sont obstinément attachés à grossir les détails, afin de mieux éclipser le fond, créant toujours de nouveaux embarras au pouvoir, rendant enfin insoluble un problème depuis longtemps résolu par l'expérience.

La révolution de 1830 s'accomplit.

Le théâtre subit alors les conséquences de ce nouvel ordre de choses.

Il eut la liberté.

Hors la Comédie-Française, qui par le traité de Moscou demeurait à l'abri de toute forme gouvernementale, les sociétés furent dissoutes, les subventions considérablement modifiées, puis la liste civile régla les états des pensionnaires des théâtres royaux dont les années de service n'étaient pas accomplies pour jouir de leurs pensions, et ils durent se retirer.

Libres, mais sans protection, ces théâtres ne furent plus dès lors que des entreprises particulières livrées à la spéculation, et dans lesquelles le gouvernement n'avait à exercer que les mesures de simple police.

Chacun à l'envi put impunément escalader le temple des Muses; le sceptre des coulisses était disputé sans contrôle.

Ce fut désastre sur désastre.

Le gouvernement, dans des mesures de police

générale, devait craindre de voir la plupart du temps les théâtres sans directeurs; il devint plus facile sur le choix. — Les plus audacieux s'y ruinèrent ou ruinèrent les autres, et ce premier résultat de la liberté rejaillit sur tous les théâtres parisiens, comme aussi sur ceux des provinces, où la misère fut à son comble, et jusque aujourd'hui nous n'avons à enregistrer que malheurs sur malheurs.

J'entends de pauvres artistes de nos provinces appeler de tous leurs vœux une législation théâtrale capable de les abriter de cette foule d'industriels qui les exploitent et les abandonnent ensuite avec impunité. Croient-ils donc qu'une telle mesure, seule, soit capable de les mettre au port? Ce serait s'abuser. — La faillite en perspective ferait reculer encore; un bon répertoire et la garantie municipale seuls pourraient amener de vrais administrateurs. Le cautionnement deviendrait exigible, et il y aurait là une sûreté pour l'avenir : mais, on le voit, c'est déjà remonter au premier principe d'une organisation détruite sous le prétexte de la liberté.

Il est bien facile de concevoir les jubilations de la presse (de la presse périodique surtout), lors de l'abolition de la censure en 1830. — Mais ce que je ne me suis pas expliqué, c'est l'enthousiasme de ces hommes qui vivent du théâtre, et dont la mission est d'instruire et de corriger le peuple, en l'amusant de leurs œuvres sévères et badines. — Où Santeuil et Arlequin furent deux sots, ou je demanderai à ces littérateurs ce qu'ils prétendaient alors, et comment ils interprétaient les intérêts de l'art, et les leurs en particuliers. — J'entendis un jeune écrivain s'écrier avec emphase : Enfin le génie a délié ses ailes !

Peut-être ce monsieur en est-il aujourd'hui à regretter qu'elles n'aient pas toujours été liées !.. Peut-être verrions-nous encore quelques-unes de ces grandes et nobles figures que nous rappellent les règnes de Louis XIV et de Napoléon Ier.

Mais le moyen, je vous prie, quand les intérêts de l'art sont livrés à de viles spéculations, sans sauvegarde contre ces empiétements du mauvais goût, qui portent partout et le désordre et la corruption ; que faire, sans une main protectrice assez puissante pour contenir toutes ces folles tentatives, que le lucre, l'incapacité, déroulent avec fracas devant une foule toujours avide de nouveautés ?

On annonce des merveilles ! — Le public attend. — Pendant que, porte close, la réclame à grands frais formule les succès ; et cette prostituée, amenée d'outre-Manche, règne en souveraine, enchaînant l'opinion, ne pouvant l'abuser.

Qu'avons-nous vu au théâtre depuis 1830, et cela sans restriction du présent ? — La mutilation de tous les genres, plus d'école, plus de sujets.

La Comédie-Française, abandonnée à ses seules ressources, dut tendre la main à un genre de littérature qui eût pu faire école, s'il eût su se contenir dans les limites prescrites de l'art, de la décence et du bon goût. — Mais, loin de là, ses débordements furent extrêmes. — Reniant un passé glorieux, cette littérature nouvelle ne devint plus qu'une arène où l'absurde, le mauvais ton et l'immoralité se livrèrent un assaut à outrance.

Pauvres comédiens français! — Ils se mordaient les lèvres en entendant ce public et cette presse que vous savez, crier bravissimo. — Pauvres gens, habitués à un régime plus délicat, leurs poumons faiblirent. — Il fallut dès lors avoir recours à ces athlètes du genre. — La Comédie-Française dévora son dépit et fit la bonne sœur.

On vit bientôt le boulevard du Crime fournir à la rue Richelieu un contingent nécessaire, un personnel apte et capable de rehausser dignement le drame monstre et toute ses horreurs.

Mais le public, comme il arrive presque toujours lorsque nous éprouvons une émotion trop vive, tombait en défaillance, cédant ensuite à un sommeil réparateur.

La main en repos sur la dague, de l'autre détirant sa moustache, le drame commençait à s'inquiéter d'un succès dont les suites pouvaient lui devenir funestes.—Habile, en ces sortes d'accidents, tout bonnement avec aplomb, il recourt à ces sels volatils dont on connaît l'effet. — Dépouillant un moment son allure superbe, modifiant assez imparfaitement ce ton âpre et guttural, (cicatrice qu'il tient toujours en honneur) il crie... Amis venez, venez à moà!...

Cet appel malsonnant effraya la charmante Célimène, habituée à des accents plus doux!...

Suzanne, malicieuse, sourit.

Figaro se retourne avec impudence.

Don Juan, d'un regard incrédule, mesure l'interpellateur, s'avançant d'un pas ferme.

Que veux-tu?

Vous ouvrir la carrière!... Venez partager ma gloire, nos travaux...

Fi donc! dit Suzanne d'un ton de mépris.

Célimène, rougissant... Vous vous trompez, monsieur...

Bravo, dit Figaro, ma lancette et mon piston, monsieur, sont à votre service.

Ah! mon ami, fit don Juan, quel festin m'offrez-vous!

Ce début peu encourageant ne déconcerte pas notre interpellateur, qui, pour mieux être compris et braver leurs dédains, s'écrie d'un ton un peu vulgaire et quelque peu attendrissant... — Mais, mes enfants... et la caisse!!!

Bazile entendit l'argument. Peste, dit-il, vous avez raison; demain, nous convoquons en assemblée générale.

Figaro lui eût volontiers asséné une de ces volées de bois vert...

Mais l'argument irrésistible! Il fallut céder, malgré toutes les répugnances.

Nouveau chaos

La pauvre Célimène dut se résigner, chaque soir, à mutiler son joli bras aux barreaux d'une porte, puis, quelques moments après, livrer sa main délicate et charmante au Guise, qui la broie sous son gantelet de fer.

A tels honneurs MM. les sociétaires étaient en retour de reconnaissance; guidés par un motif tout aussi spécieux que celui qui les faisait déroger des saines traditions et du respect de l'art, ils ouvrirent à leur tour le camp à leurs nouveaux confrères. Buridan saisit le carquois d'Hippolyte, et Ninette vint lui peindre l'ardeur de sa flamme amoureuse.

Nous vîmes pérégrination sur pérégrination, et depuis vingt ans les artistes font une promenade de Longchamp, du boulevard à la rue Richelieu et *vice versa*.

On peut juger, d'après ce tableau, de l'embarras des élèves et des professeurs de déclamation. Il fallut suivre le torrent; mais comment concilier l'étude de Corneille, de Racine, de Molière, avec ces œuvres boursouflées?

Il fallait opter.

La vocation, les qualités naturelles, durent céder à la nécessité de vivre du fruit de ses études.

Plus d'école possible, perte des traditions, conséquemment plus d'artistes.

Tout chemin mène à Rome, disait-on : le plus court est le meilleur. — Qu'est-il besoin de traverser la Seine, d'aller s'épurer à cette source salutaire, où le talent se fortifiait à l'exercice du bon et du vrai? Melpomène et Thalie étaient devenues si bonnes filles! Fallait-il donc tant de façons? C'était une modestie ridicule.

L'Odéon fut fermé.

Relevé cent fois, et toujours succombant, l'assemblée nationale, à l'aide d'un petit replâtrage emprunté au passé, le rendit, non à son utilité première, cela n'était plus nécessaire, il en fit un hôpital civil artistique, ou, si vous voulez, un dépôt de mendicité.

Les théâtres du boulevard eurent aussi leur émancipation: Dieu sait s'ils en usèrent. L'abject l'emporta sur le ridicule de mille conceptions, dont la nullité et l'immoralité faisaient le fonds. Rester en dessous de la scène mère! vous plaisantez. A nous, poëtes incompris: nous vous offrons et le succès et un travail facile...

Dix pointes politiques pour monsieur. — Vous, mon ami, travaillez sur le rouge; si le blanc me devenait nécessaire, je vous en préviendrais. — A celui-ci: Mon cher, gazez, gazez du mieux possible.

Vous vous moquez, dit fièrement l'artiste, monté sur les hauteurs de l'époque.

Eh! non, mon cher, vous ne comprenez pas; je vous dis de la gaze pour ces dames. — Je vous en préviens, pour que vous ne vous fassiez pas d'illusion : mon écurie ne renferme pas le moindre quadrupède capable de vous conduire au Parnasse, mais les dieux ne vous en seront pas moins favorables.—Ainsi que je vous le disais à l'instant, gazez ces dames à la mode olympique, chacune d'elles a son règlement particulier; faites votre distribution en conséquence, et si vous avez de l'esprit... roulez-le dans votre giberne : c'est une cartouche à brûler à l'honneur de vos succès.

Ce n'était pas assez. L'art et la morale foulés aux pieds, la religion eut son tour...

Ce n'était pas assez de tant d'extravagance, il fallait réveiller le public, saturé de toutes ces stupides spéculations. Les signes vénérés de nos temples furent indignement profanéssur la scène, pour combler la mesure de cette dégoûtante saturnale.

Et vous appelez cela le progrès, messieurs les grands faiseurs? Ce sont là les bienfaits de cette liberté! — Vous dites aujourd'hui : Mais tous ces écarts se sont modifiés, ils ont été le résultat d'un moment d'effervescence, et tout progrès offre dans la transition ce spectacle confus des choses bonnes et mauvaises; c'est de ce choc des idées libres que naît l'étincelle dont le génie s'enflamme.

Mais c'est confondre l'effet avec la cause; prouvez-moi le progrès. Je vous défie d'en soutenir l'analyse. — Si cela était possible, je serais de votre avis. —Non, la raison vous condamne.

Tous les arts ont leurs lois, aussi sacrées, aussi

immuables que celles de la nature. Ce n'est qu'avec contrainte qu'elles subissent tous ces affublements du caprice ou de la mode. Le vrai progrès les assouplit, ces lois, aux besoins des temps, à la marche des idées nouvelles, mais il ne les brise pas, et quelque douloureux qu'il soit de le reconnaître, aujourd'hui même, encore, il est peu d'œuvres, au théâtre, qui, à part leur mérite, ne soient plus ou moins entachées de ce vice désorganisateur inoculé par une liberté trompeuse ou mal entendue.

Voyez nos théâtres des provinces, où le luxe des décors, les frais de représentation, rendent impossibles les moyens de fasciner le public : là, les œuvres apparaissent dans toute la nudité des détails et du fond. — La tragédie et la comédie ne se trouvent que dans les bibliothèques. Le drame et le vaudeville luttent seuls avec l'opéra ; ce dernier a au moins sur ses partenaires le mérite du bruit, qui tient en éveil, mais toutefois ne repousse pas, et malgré les efforts de la censure municipale, les chutes vont dans une progression effroyable. Qui paie tous ces dégâts? Les pauvres comédiens.

—L'Opéra, après 1830, se trouvait dans des conditions plus favorables que l'Opéra-Comique, qui, par ses déplacements nécessaires et le démembrement de son personnel, s'obéra d'une façon prodigieuse. Néanmoins, l'Opéra eut aussi ses velléités révolutionnaires; mais, possédant encore des artistes haut placés dans l'estime publique, il eut la prudence de différer, et pour le moment tint rigueur à dame Réclame, qui s'en consolait, opérant déjà ses prodiges sur d'autres places.

C'était adroit.—C'était agir en amant passionné qui veut plus sûrement posséder les faveurs d'une coquette.

Ce fut à cette époque que *Robert le Diable* alla frapper à la caisse de la rue Grange-Batelière, demandant à acquérir droit de bourgeoisie dans ce temple d'Apollon.

Ce nouveau prince de l'art s'annonçait avec de trop bons arguments pour n'être pas tout au-moins écouté.

La question était délicate. Mais enfin, vu les arguments, les négociations furent entamées.

L'administration sans contrôle, libre arbitre de la situation, se trouvait placée entre ces deux hypothèses, d'une révolution subite de l'art, qui pouvait lui devenir funeste, l'autre une certaine confiance que devaient inspirer des offres magnifiques, sans compter ce que pouvait mettre en caisse un succès qui n'était pas sans probabilité, et qui, dans un cas contraire, pouvait n'être qu'une escarmouche sans portée pour l'administration, tant sous le rapport de ses intérêts que de sa responsabilité envers le public, se trouvant abritée sous un nom que la science avait déjà acclamé.

Ces dernières considérations parurent déterminantes, le maestro fut reçu, et le sucès dépassa les espérances.

Il y avait dans la dernière des deux hypothèses que je viens d'énoncer, des motifs déterminants, qui permettaient d'admettre que la première fût prise en considération, ou qu'on y eût même songé.

— Détrompez-vous, la suite a démenti ce fait.

— Rossini fit une retraite définitive.

Il y eut là une marque d'ignorance et d'ingratitude, un manque de courtoisie, dont certes le public est incapable.

Pour la plupart, ce fut une énigme. J'avoue avec sincérité que je fus du nombre, ne pouvant partager l'opinion de quelques intéressés, sans doute, qui se plurent à voir dans cette retraite un talent vaincu, un amour-propre dévorant sa défaite.

Au printemps de 1851, j'étais à Florence; Rossini vint y passer quelques jours; je connus en cette occasion les vrais motifs de sa retraite : ces motifs vinrent corroborer mes opinions sur les déplorables effets que ma plume, trop faible, signale aux vrais amis de l'art et du théâtre.

Mais continuons :

Ce premier acte de l'administration de l'Opéra fut l'initiative, de sa part, apportée à toutes les dégradations du temps.

La Réclame prit accès, et vint chaque soir déposer sur le bordereau de la recette ses doigts calleux et quelque peu normands, clignant son œil louche en venant étudier le résultat de ses prouesses.

Meyerbeer, dont le génie était au-dessus de moyens aussi misérables, subissait, et sans qu'il s'en doutât, les conséquences qui plus tard devaient l'évincer à son tour.

Voici le moment de rendre compte de cette tactique infernale, qui enrichit quelques charlatans en alléchant la masse. — C'était de préparer au héros toujours une victime. — C'était un marchepied pour le grandir encore aux yeux d'une foule étonnée, toujours prompte à courir à ces émotions d'une lutte qui fausse ses sentiments et ses bons instincts, pour l'appât d'un plaisir qui ne laisse que de tristes souvenirs.

Enfin, il fallait des étoiles, pour parler en gentlemen. — Il fallait des merveilles, et à défaut d'en trouver, un directeur sait en fabriquer; en cela, ces messieurs nous ont prouvé être à la hauteur du progrès industriel. Mais l'art et l'industrie, qui s'honorent au reste, n'habiteront jamais sous le même toit.

Si la cupidité a transplanté de Londres à Paris ce système absurde, antipathique à l'art et à tous ses disciples, ce n'est qu'une injure faite à la France, terre hospitalière du mérite et des talents. Jamais elle n'arracha la couronne du front de l'un de ses enfants pour en orner celui du nouveau venu; en bonne mère, elle en tresse de nouvelles, mais sans flétrir les autres.

Depuis quand, s'il vous plaît, MM. les grands faiseurs, Mozart, Spontini, Auber, Rossini, Donizetti, etc., etc., ne sauraient-ils plus marcher en compagnie? — Fallait-il à Duprez, si fort de son talent, un indigne holocauste contre lequel le grand artiste protesta en laissant tomber une larme quand la terre recouvrit la dépouille d'un ancien camarade!...

Et tout ce bruit ensuite, car il en fallait pour étouffer le succès du grand chanteur.

Dame Réclame embouche ses trompettes.—Voilà plus fort encore! s'écrie-t-elle. — Duprez! mais qu'est-ce que cela? — Un homme qui a été à l'école... tandis que nous allons avoir l'honneur de vous en présenter un qui n'y a pas été le moins du monde... Et cependant!... Ici redoublement de tam-tam et de grosse caisse.—La foule accourt, on se rue, on se presse... Cette fois, le coup fut manqué. — Le fruit n'était pas mûr et n'annonçait pas même arriver à maturité.

Mais, avec du génie, on se tire d'affaire. — Une querelle d'Allemand fut improvisée contre le jeune artiste. On l'abreuva d'injustices, mais assez haut pour que le public l'entendît.—Quelle adresse! peut-on mieux déguiser l'hameçon! — Il eût été déplorable de tenir les lisières, on en chargea le public, qui, lui aussi, a son amour-propre; il tint bon, assez du moins pour payer les frais de dame Réclame et laisser oublier l'ineptie de cette nouvelle invention sans garantie du gouvernement.

Vient *la Favorite*, dont le légitime succès devait assurer au grand compositeur une longue carrière de gloire, et de plaisirs pour nous. — Ce fut le contraire. — Je m'arrête, pour tracer ici un seul trait caractéristique de ce règne, dont le public pourtant fit justice, mais trop tard.

Un jour j'étais chez le pauvre Donizetti ; nous causions musique, théâtre. Assis sur son lit (il était huit heures du matin), autour de lui étaient épars différents morceaux de chant dont il arrangeait les accompagnements pour la Grisi : un sujet nous conduisit à l'autre ; la conversation tomba sur l'Opéra, et, sur une question que je lui fis, il me dit, souriant avec amertume : « Mon ami, le croiriez-vous?... depuis quatre ans je suis repoussé de l'Opéra pour n'avoir pu faire comprendre à l'administration que je ne puis transposer une partie de mon œuvre sans la détruire complétement. » — En effet, réduire dans une œuvre accomplie une partie de soprano à celle de mezzo-soprano ou de contralto, il faut convenir qu'une telle force n'appartient qu'à ces messieurs. — Autant vaudrait demander à M. E. Lacroix de mettre sur le haut de sa toile les montagnes, la mer et les moulins, pour faire place en bas à la voûte azurée des cieux. — Quelle douce protection ! quelle garantie pour l'art !

Écoutons les doléances de ces messieurs.

Hélas ! disent-ils, ce public est si inconstant, si

gâté; puis les temps sont si malheureux, sans compter ces exigences exorbitantes d'artistes qui ne rougissent point en vous demandant des appointements de maréchaux de France!—Parbleu, Messieurs, vous nous la donnez belle; le public est ce qu'on le fait; ses habitudes, ses goûts, c'est vous qui les formez. A force de l'exciter par toutes ces jongleries, par tous ces honteux escamotages, vous faussez son jugement, vous corrompez ses goûts. — Vous accusez les temps, et ce sont eux qui vous favorisent à l'aide du bris d'un prétendu monopole de l'art; vous exercez impunément votre industrie aux dépens de l'avenir du théâtre et du sort des artistes, dont les prétentions mêmes accusent votre spéculation.—Quelle garantie leur offrez-vous? Sur un ou deux vous assumez toute la responsabilité; vous leur faites la place le plus largement possible, les élevant si haut dans l'opinion, qu'ils ne sont pas assez sots pour ne pas comprendre un tel danger. — La carrière est courte, et ils se font payer autant qu'ils sont nécessaires à servir votre spéculation.

J'irai plus loin. — Ce système adopté par vous tue les vocations. — Chacun tend au merveilleux. Tel qui se fût contenté d'une position honorable dans l'art qu'il exerce, travestit ses moyens et trahit la nature. Dans cette funeste tendance, il oublie l'art pour courir dans la lice que vous lui ouvrez; il s'y jette inconsidérément, sans songer à gagner ses épaulettes de lieutenant ou de capitaine; ce qu'il lui faut, c'est un bâton de maréchal; vous n'estimez que cela.

Poëtes, compositeurs, vous aussi n'a-t-il pas fallu vous façonner à l'allure de l'impresario, sous peine de rester en chemin?

Plus d'unité, plus d'ensemble; un nom bien sonore, bien ronflant, c'est tout ce qu'il faut.

La presse, le programme, l'affiche, vivent grassement de cette édifiante spéculation.

Est-il nécessaire de dénombrer ici toutes ces folles tentatives, tous ces débuts de talents avortés, tous ces essais indignes de la première scène du monde!

La chorégraphie, déchue de sa splendeur, n'est plus qu'un accessoire digne tout au plus de figurer au milieu de la pompe et des fêtes scéniques.

Le chant n'a plus d'école, depuis que chacun a voulu avoir la sienne. C'est un désordre, une anarchie complète, et tout cela parce que des hommes appelés à diriger la scène n'ont pu se pénétrer qu'avant toute chose il faut protéger l'art et défendre sa dignité.

— L'Opéra-Comique, qui, à la suite de 1830, vit son personnel démembré de fond en comble, obligé, pour cause d'utilité publique, d'abandonner la rue Feydeau, alla s'installer dans le vaisseau splendide qui lui fut préparé rue Ventadour.

Hélas! il ne put l'abriter du naufrage. Le théâtre de la Bourse lui offrit l'hospitalité, tandis que la troupe de ce dernier fut transplantée à son tour sur les ruines de l'Opéra-Comique à la salle Ventadour.

Tous ces essais demeurèrent sans succès.

Le Pré aux Clercs parut. — La vogue soutenue de ce charmant ouvrage d'Hérold ramena un moment l'équilibre dans la caisse de l'Opéra-Comique, et, peu de temps après, sa place définitive lui fut assignée à l'ancienne Comédie-Italienne, rue Marivaux.

Tous ces changements, tous ces essais eurent pour cause nécessaire cette part de liberté donnée aux théâtres par la révolution. — Il y eut quelques bonnes choses, mais le régulateur manquant, rien ne fut durable. — Tout fut livré à l'incapacité des spéculateurs en coulisses. — Il serait impossible d'en narrer tous les détails dans le cadre restreint de cet exposé, qui n'est point une attaque aux personnes; la critique n'est utile qu'autant qu'elle est sage. Ce que je veux, c'est, dans mon indépendance, signaler des faits et des abus, puisés dans l'opinion et dans une longue expérience. — Je poursuis.

Autrefois l'affiche se contentait de vous annoncer MM. les comédiens ordinaires, etc., etc... On ne mesurait pas alors l'artiste sur l'affiche; mais aujourd'hui on a changé cette vieille routine. C'est encore du progrès, à la façon des grands entrepreneurs qui nous ont importé ce confortable d'outre-Manche. En ce temps-là le public était appelé à juger, à se faire une opinion sur une œuvre ou un artiste; aujourd'hui, la réclame, l'affiche et la claque vous dispensent de cet inconvénient.—Avant de prendre vos places, vous savez que c'est magnifique, et nos jolies Parisiennes et nos dandys n'ont que faire de se déganter et de rougir leurs doigts, c'est une besogne inutile.— Tout est largement prévu. Ce moyen était autrefois contenu dans des bornes utiles, devant un public flottant; aujourd'hui c'est une tyrannie : il faut la subir ou quitter la place.

Quand l'Opéra et le Petit-Lazari eurent leurs étoiles, il était impossible que l'Opéra-Comique n'eût pas aussi les siennes.

Du boulevard Italien jusqu'à la Bastille, ce n'est plus qu'un vaste firmament où scintillent ces astres, plus ou moins lumineux, selon la volonté de leur créateur, qui les réduit souvent au rôle de comète, traçant une parabole pour route, au lieu d'une ellipse, ce qui fait que ces astres, la plupart du temps, ne se montrent que pour disparaître à tout jamais.

Il faudrait un in-folio pour enregistrer tous les débuts qui ont eu lieu à l'Opéra-Comique depuis vingt ans; qu'ont-ils produit? Si vous en retirez quelques sujets d'un mérite réel, ils se sont perdus en surenchérissant sur une école qui fausse le genre seul convenable à leurs moyens; les autres, représentant le plus grand nombre, sont restés sans force pour atteindre le but ou soutenir la carrière, et si, à ces graves inconvénients de la perturbation des genres que l'incurie tolère, vous ajoutez encore l'inaptitude qui, le plus souvent, préside au choix des débutants, le manque des connaissances nécessaires pour développer et ménager les qualités de talents naissant, dites-moi, je vous prie, sur quoi vous pourrez fonder l'avenir du théâtre.

Comment est-il possible de concevoir qu'un directeur puisse ignorer jusqu'aux premiers éléments de l'art qu'il est appelé à diriger? — Il faut nécessairement, dans ce cas, qu'il se serve des yeux et des oreilles des autres; s'il est bien conseillé, un moment cela va bien; mais s'il l'est mal? Dans ces deux hypothèses, il établit chez lui un désolant monopole; c'est une arène ouverte à l'intrigue et aux passions de toutes sortes; il ne s'appartient plus, et devient le jouet ou le complice de la coterie, ne pouvant trouver en lui-même les ressources qui donnent la confiance et l'autorité; car les conseils, toujours utiles, cessent de l'être s'ils enchaînent notre jugement, qui, à son tour, ne peut s'étayer seulement sur la sympathie ou le sentiment naturel de l'art, car de ce point à l'application des moyens, l'espace est infini. — En un tel état de choses, le succès dépend seul du hasard; il ne reste pour ressources que la réclame et la claque pour parer à l'insuffisance et aux bévues.

Pour être directeur de théâtre, il ne suffit pas

de savoir faire un feuilleton ou d'avoir étudié le 5 p. 0/0 à la Bourse. Il faut des connaissances qui demandent du temps et une grande expérience. En pensant autrement, il n'y aurait point d'inconvénient à voir un général s'affubler de la robe d'un procureur pour administrer la justice, pendant que ce dernier irait commander nos armées.

Depuis vingt ans l'Opéra-Comique a épuisé toutes ses ressources, tous ses essais.

La musique s'y est transformée en effaçant peu à peu le caractère de ce genre éminemment national. — Les voix s'y sont perdues et s'y perdent encore tous les jours. — Nos jeunes compositeurs rougiraient de présenter une partition, si elle n'était bien rembourrée de cuivre et de peau d'âne.

Qu'avons-nous vu à l'Opéra-Comique? Les mêmes abus qu'à l'Opéra, les mêmes transformations qui ont déshonoré l'art, sous le prétexte d'une liberté progressive.

Quelle série de faits inconcevables, depuis cette émancipation! — Certes, en reconnaissant cette malheureuse infirmité que tous nos jeunes musiciens portent en naissant, de vouloir à tout prix se faire connaître bruyamment, il faut l'avouer, la science a progressé. Mais ce progrès n'est-il pas contestable si on l'envisage sous tous les rapports de l'art dramatique? Cette école nouvelle n'est-elle pas pour les uns une cause d'abus et d'incohérences, pour les autres un foyer ardent où l'imagination se consume à pure perte? — On use la sève sur les auxiliaires, et l'inspiration mélodique, si elle est à naître, marche toujours à la remorque.

La vérité, l'unité, la sublimité de l'art qui puise ses moyens dans les grandes et simples révélations de la nature, sont perdues pour le public et pour ces jeunes talents qui restent sourds aux bons conseils, aux bons exemples qu'ils méditent pourtant, mais sans profit, entraînés par une administration générale qui n'est accessible qu'aux excentricités et à l'innovation. On comprendra dès lors pourquoi nous avons des talents, mais, hélas! plus de génies.

On arrive à rassasier le public par le nombre, non par la qualité. Ainsi que ces estomacs délicats et sensuels, on l'affame d'autant, que la nourriture qui lui est offerte manque de recherche et de bons principes. On le bourre impitoyablement, et la muscade, qui partout domine, pervertit son goût. Quel espoir, quel avenir pour les talents, si une administration supérieure, sévère et éclairée, ne sauvegarde pas l'art, les saines traditions, qui, en dépit de l'ignorance et du charlatanisme, seront toujours l'honneur du théâtre en France.

Plus que tous les autres, le Théâtre-Italien eut à souffrir de la protection qu'il perdait.

L'aristocratie faisait sa fortune, il est vrai ; mais convenons que l'abandon du public ne fut pas la seule cause de sa ruine, ou plutôt disons que cet abandon fut mérité.

Jamais, depuis qu'il existe, ce théâtre n'a été conduit avec une incurie semblable à celle dont nous sommes témoin depuis quelques années.

M. Lumley, en dernier lieu, a mis le comble à la situation désastreuse de ce théâtre.

Où donc avait la tête l'impresario gentleman, de venir essayer du public parisien, sans d'abord s'informer de ses habitudes et de ses goûts ?

Sans doute vous vous disiez, monsieur l'impresario : En France, on mange notre bifteck anglais, une foule de choses y sont importées de notre fière Albion, je serai aussi à la mode, et je fais un coup de fortune. — Vous vous êtes abusé, Monsieur.

Le public parisien veut tout d'abord un personnel, au Théâtre-Italien, qui tout au moins soit convenable. Ensuite, il ne s'arrange point d'un début ordinaire, pour attendre plus de deux mois vos étoiles.

Au temps de sa splendeur, ce théâtre fondait sa plus grande ressource sur le superbe abonnement de toute la durée des six mois de la saison ; tandis qu'à Londres, vous ne profitez guère que de trois mois, c'est-à-dire à partir de l'apparition des étoiles.

Votre public veut jouir moins longtemps et payer en roi ; chacun a sa fantaisie ; ce n'est pas la nôtre. La leçon vous a coûté cher, n'y revenez plus.

— C'est ainsi que nos grands théâtres, livrés à la spéculation du jour où le pouvoir fut dispensé de les protéger et de les secourir, virent peu à peu s'éclipser tout ce qui faisait leur gloire et leur prospérité.

L'art mutilé partout, plus d'école possible ; partant, plus de sujets.

L'empire des coulisses devint la proie de l'intrigue.

Le feuilleton (mettant à part toutefois les écrivains éminents et consciencieux), dégagé du cercle d'une utile et sage critique, n'est plus que l'instrument à l'aide duquel on sape l'édifice, au profit de ses vues et de ses passions. Le but une fois atteint, c'est à qui surenchérira en innovations, en moyens burlesques, dignes souvent des tréteaux de la foire, aiguisant l'appétit de ce public avide toujours du merveilleux, mais dont on n'abuse pas toujours impunément ; le dégoût, l'abandon, ont été souvent le résultat de toutes ces manœuvres.

En revanche, les talents incompris jouirent du bénéfice d'une liberté si bien entendue.

Tel se croit musicien créateur, pour avoir étudié un peu d'arithmétique et de mathématique appliquée, dans nos traités d'harmonie, trouvant mauvais que cette opinion ne soit point partagée, vous brise le tympan de ses grands festivals, pompeusement importés d'Allemagne, afin de vous prouver que vous avez tort. Puis, ne pouvant vaincre cette obstination ridicule, le grand artiste, prudemment embastillé dans son feuilleton, vous lâche à pleine bordée ses projectiles, qui vont frapper de pauvres gens qui n'en peuvent mais.... Quelle dure besogne que de se faire un nom dans le siècle où nous vivons!...

Le bruit va crescendo.

Un directeur en pareil cas n'est pas dupe, croyez-moi, et, veuillez me pardonner ce mot un peu vulgaire, — il connaît le tour.

Mais pour être dispensé d'avoir de l'oreille, il n'en est pas plus sourd que vous et moi.

L'opinion bourdonne; on se préoccupe; la réclame va son train, et ce bon directeur, chaque matin en déjeunant, médite en souriant sur sa feuille l'avenir du petit ours qu'on dresse à sa bonne intention. N'étant point payé pour chercher des talents, il attend qu'on le sollicite, et l'ours impatient, comme on l'est au jeune âge, un beau matin l'égratigne; tout est dit. — On ne se mord qu'en manière de plaisanterie. — La farce est jouée. — On se donne l'accolade, l'œuvre est acceptée, et les répétitions commencent.

Vous savez le reste.

Qu'est-ce que cela prouve?

Qu'avec de l'esprit on peut faire un très mauvais opéra.—Mais qu'il est un malheur beaucoup plus déplorable, c'est qu'il se trouve un directeur qui soit de force à l'accepter.

Voyons, de bonne foi, qui oserait soutenir que

le théâtre progresse? Le passé est-il si loin de nous, que déraisonnablement nous voulions, par un orgueil ridicule, voir le progrès là où il n'est pas?

Non.—L'industrie, le commerce, nos chemins de fer, nos fabriques, tout cela marche avec une impétueuse vélocité. Quant au théâtre, livré à l'aventure, il est resté en chemin.

Espérons qu'un tel état de chose aura une fin; espérons que le pouvoir, qui déjà a donné des marques de sa sollicitude, s'imposera le dernier sacrifice d'un examen sérieux sur cette importante question, d'où dépend la réédification de notre théâtre en France, lui rendant sa splendeur passée, réduisant à l'impuissance toutes ces manœuvres, tous ces ressorts que le charlatanisme enfante et que l'art répudie.

La question sur les théâtres n'est point encore résolue. J'ai essayé, dans cet exposé, de tracer quelques traits caractéristiques autour desquels viennent se grouper tous les abus, qui ne sont que la filière pour atteindre le mal dans sa racine. Puissent ces considérations servir à l'œuvre réparatrice!

Sur cette matière, les hommes de talent, de bonne volonté, ne manquent point; mais on hésite, on tâtonne, on semble fermer les yeux sur ce que cette question offre de plus épineux en apparence.

Le pouvoir, de son côté, croit devoir recueillir tous les matériaux qui lui sont nécessaires, et jusqu'à ce jour je ne sache pas qu'il lui ait été donné la possibilité d'une solution satisfaisante.

Soit par ignorance des choses, soit par une prudence mal entendue, soit enfin un désir de rendre acceptables de nouvelles théories, chacun s'attaque aux faits auxiliaires, sans vouloir mesurer le fond.

Si le pouvoir n'était assez fort pour vouloir le bien, si des motifs que nous respectons ne l'obligeaient à différer son action décisive, ne pourrait-on supposer avec quelque raison qu'il dût hésiter, alors que, d'un côté, il n'entend que des propositions infirmes, à courte vue, et rapetissantes pour l'art, tandis que, de l'autre, on ne lui offre sans cesse que des tableaux capables d'exciter ses scrupules, lui créant des embarras, déroulant à ses yeux la longue kyrielle de documents puisés dans les anciens états de la liste civile, plaçant à tout propos la question entre la parenthèse de ces deux mots : — Dépenses et recettes ; — l'étouffant en quelque sorte sous ces spécieuses théories qu'on appelle liberté de l'art, charges du budget, économie, etc., etc.? Confondant l'effet avec la cause, on rend le problème insoluble, ne voyant les conséquences que là où elles ne sont pas.

En effet, que veut-on?

Rendre le théâtre à sa dignité, à son utilité, à

sa vitalité première, et cela sans errer dans les anciens abus.

Voudrait-on nous persuader que la réédification du théâtre ne soit possible que par des sacrifices onéreux à l'État? qu'il n'a dû sa splendeur passée qu'à d'excessives libéralités, mettant ainsi de côté les vrais ressorts, la bonne organisation, qui étaient la sûre garantie du respect de l'art, des saines traditions et d'un progrès d'autant plus sensible qu'il s'étayait sur les principes d'une école rationnelle et vraie?

Ce serait s'abuser étrangement que d'envisager les choses sous cet aspect.

Il y a loin de l'abus que font les hommes de toutes choses, si bonnes qu'elles soient, aux principes qui en sont la garantie.

L'expérience est là. — Entre ces deux situations que j'ai essayé d'esquisser, qui ne verrait les conséquences de la prospérité de l'une et celles de la décadence de l'autre ?

Que faut-il donc pour réédifier le théâtre?

Rien autre :

Replacer l'édifice sur sa base.

Vainement en chercheriez-vous une plus solide. — Des mains puissantes, des génies éclatants l'ont savamment travaillée et assise. Sur chacune des molécules étroitement liées et qui en sont la force, vous lirez ces mots :

Protection et appui du pouvoir.

Respect des lois, de la religion et des mœurs.

Respect de l'art et des nobles traditions.

École définie, progrès raisonnés.

Prix des services, récompense au mérite.

Honorabilité et gloire !

Sans cette assise, il n'est point de salut pour l'art et le théâtre.

Paris, typ. Vinchon, 8, rue J.-J. Rousseau. — 3350.

www.ingramcontent.com/pod-product-compliance
Ingram Content Group UK Ltd.
Pitfield, Milton Keynes, MK11 3LW, UK
UKHW021530260726
13993UKWH00004B/1911

9 782329 235066